QUELQUES MOTS D'ÉDIFICATION

SUR

Monsieur l'Abbé Louis RAMPAL

DÉCÉDÉ A SAINT-MARCEL, BANLIEUE DE MARSEILLE

Le 26 Novembre 1881

A L'ÂGE DE VINGT-SIX ANS.

MARSEILLE

TYPOGRAPHIE ET LITHOGRAPHIE BLANC ET BERNARD

RUE SAINTE-PAULINE, 2 A

—

1882

QUELQUES MOTS D'ÉDIFICATION

SUR

MONSIEUR L'ABBÉ LOUIS RAMPAL

DÉCÉDÉ A SAINT-MARCEL, BANLIEUE DE MARSEILLE

Le 26 Novembre 1881

A L'AGE DE VINGT-SIX ANS.

On aime à raconter les actes de ceux qui ne sont plus et qu'on a chéris autrefois parce que ces pages consacrées à leur mémoire, les font, en quelque sorte, revivre.

C'est ce désir, comme celui d'édifier mes lecteurs par le tableau des plus belles vertus, qui m'engage à retracer la vie d'un pieux et jeune prêtre que la mort enlevait, il y a peu de jours, à l'Eglise de Marseille.

Le 19 du mois d'avril de l'année 1856, naissait d'une modeste famille de cultivateurs un enfant qui fut appelé Rampal parmi les hommes et Louis parmi les anges. Qui aurait cru que ce nom fût une prophétie et que celui qui le portait dût imiter les vertus et la mort prématurée de saint Louis de Gonzague?

Je passe sur sa première enfance, cet âge innocent qui pour tous les hommes a une même histoire. J'arrive au grand jour de la première communion où Dieu se plaît d'ordinaire à faire entendre aux âmes d'élite la voix qu'entendit Samuel. Il a raconté lui-même que son attrait pour le Sanctuaire datait du moment solennel où il savoura pour la première fois le pain qu'on y consacre.

En vain ses parents lui représentèrent-ils qu'ils ne pouvaient favoriser cet élan de son cœur parce qu'ils étaient trop pauvres, il réfuta aisément l'objection. A ce moment, M. l'abbé Mourdeille, curé de la paroisse de La Treille (banlieue de Marseille), avait transformé son presbytère en école préparatoire au sacerdoce. Il y recevait des pensionnaires et des externes, le jeune Louis alla donc frapper à la porte de l'hospitalier presbytère, fit naïvement connaître la sublime vocation à laquelle il se sentait appelé et supplia le charitable pasteur d'y guider ses premiers pas.

Comme celui-ci mettait sous ses yeux la longueur et la difficulté du chemin semé d'études arides et d'épreuves sans nombre : « Père, dit-il, j'ai tout prévu, mais je compte sur la grâce de Dieu et sur ma bonne volonté. »

Une telle assurance à un tel âge trahissait une âme virile et cette virilité ne se démentit plus jusqu'au dernier soupir de l'enfant devenu prêtre. On ne pouvait plus lui résister, il avait fait des promesses, mais il fallait des actes et avant que cette vraie pierre de touche lui eût prouvé que ce cœur était de l'or véritable, le judicieux orfèvre ne voulait pas se prononcer.

On était alors au mois de juillet 1869, il faisait une chaleur torride, le pieux enfant demeurait aux Accates. Tous les jours, de 10 heures à midi, il dut, bravant l'ardeur du soleil, les aspérités et la longueur bien connues de la route, venir, accablé de fatigue et baigné de sueur, se courber sur des livres qui parlaient une langue nouvelle et barbare à ses oreilles. Puis, c'étaient les fatigues du retour qui se joignaient aux autres et l'épreuve continua ainsi pendant le mois d'août et de septembre.

Non-seulement on n'entendit pas une plainte sortir de la bouche du petit écolier, comme l'appelaient les habitants des deux villages, mais encore on le vit toujours arriver, comme un ouvrier diligent, à l'heure dite, la figure riante, ses devoirs achevés, ses leçons bien apprises. Ce fut alors que le curé devenu son maître et désormais son bienfaiteur et son père jugea qu'il méritait de devenir l'hôte du presbytère ; quelle joie fut la sienne, elle se trahit le soir de ce même jour par des larmes abondantes et par l'expression de sa plus vive reconnaissance.

Désormais il fut l'inséparable Eliacin du prêtre que nous avons nommé plus haut : il le suivit à la paroisse de Saint-Patrice, à la Croix-Rouge, où l'appela quelques mois plus tard l'obéissance de son Evêque. Il y mena la vie de Joas dans le temple : présenter au prêtre ou l'encens ou le sel ; chanter de Dieu les grandeurs infinies ; s'appliquer à rendre pompeuses ses cérémonies, tels étaient ses plus doux attraits !

Mais une vertu ignorée par le lévite juif, commença dès lors à germer dans son âme et y poussa, quoique naissante, de vigoureux rameaux. Il semblait que son corps fût son plus grand ennemi, tellement il le punissait en toutes rencontres : parfois on le surprenait couché sur la terre nue, toujours, ceux qui suivaient d'un œil attentif tous ses actes, lui dérobaient pendant ses repas le secret de quelque privation volontaire. Au presbytère de La Treille, il se cachait pour souffrir tout à l'aise, loin du regard d'un maître qui avait toute la sagesse du prêtre et toute la bonté du père. A Saint-Patrice, il ose demander des instruments de pénitence, et comme on les lui refuse en alléguant son jeune âge : « Pourtant, répondit-il, c'est bien la voie qu'ont suivie les saints » Il faut que l'autorité du prêtre unie au commandement du maître intervienne pour obtenir de lui qu'il ne dépasse pas les sages limites qu'impose la prudence chrétienne.

Le parfum de sa vie se répandait malgré lui au-dehors et on l'appelait dans la paroisse le saint jeune homme, et plus tard le saint abbé.

Au mois d'octobre mil huit cent soixante-douze, l'arbrisseau était transplanté dans la pépinière du Seigneur. Le travail opiniâtre de l'élève aussi bien que le zèle infatigable du maître l'avaient en deux années seulement, élevé jusqu'en troisième.

Au Séminaire ses vertus ne firent que redoubler ; son obéissance eut, pour se déployer, un champ plus vaste dans les règles de la maison, il les enfreignait si peu qu'il fut, tout le temps qu'il y resta, presque toujours inscrit au tableau d'honneur. Un jour comme son ancien maître, venu pour le visiter, accourait presque sûr d'y voir figurer son nom « ne regardez pas, lui dit-il, cela n'en vaut pas la peine. » Touchante humilité qui s'unissant à la mortification, devenaient ses deux vertus préférées. Dieu bénissait ses études, et ses succès n'étaient pas moindres que ses vertus et une année qu'il avait ceint de nombreuses couronnes, son ancien maître le félicitant à ce propos, heureux et presque fier de lui, l'élève pour ne pas laisser l'orgueil entrer dans son cœur, les brisa aussitôt et en éloigna les morceaux.

Le dix-neuf juillet de l'année mil huit cent soixante-quinze, jour impatiemment attendu, il se dépouilla de ce qui l'attachait encore un peu au monde et revêtit les noires livrées des ministres de Dieu.

Tout rayonnant de bonheur, il se jetait dans les bras de celui qui avait élevé son enfance et s'écriait : « Après mon baptême et ma première communion, c'est aujourd'hui le plus beau jour de ma vie. »

Au grand Séminaire il ne fit qu'avancer l'œuvre de sa perfection. On put y entendre les premiers accents de sa voix mâle et enthousiaste des choses du Ciel : qui ne se souvient des foudroyants anathèmes que du haut de cette chaire étroite encore, il lançait contre le scandale ?

Nous avons vu qu'à Saint-Patrice, tout enfant, il murmurait des hymnes au Seigneur ; depuis il s'était initié à tous les principes du chant et avait appris à promener ses doigts habiles sur les touches de l'orgue.

A l'art, il joignait les dons de la nature, et sa poitrine était un métal vibrant qu'il faisait résonner pour la gloire de Dieu et l'édification de ses frères. Aussi fut-il nommé au grand Séminaire maître de musique et de chant, et nul autre que lui n'y accompagnait les offices divins.

Un jour qu'on le félicitait d'avoir bien exécuté un morceau, il répondit : « Si j'avais su que l'amour-propre enlevât tant à la gloire de Dieu, je n'aurais jamais appris ni à chanter ni à jouer de l'orgue. »

Plus que jamais, du reste, il mortifiait sa chair. Comme jadis, et plus souvent encore, il couchait sur la terre nue : en été, il se forçait à ne boire qu'une seule fois par repas; et pendant sa dernière année, qui pourrait raconter tout ce qu'il mit de rigidité et de privations dans toute sa conduite, afin de se préparer, disait-il, au Sacerdoce, à ses grands devoirs et à ses grandes luttes?

Ce qu'il ne pouvait cacher de ces pieux excès l'avait fait surnommer par ses condisciples le rude chrétien, l'austère saint, et si les murailles de sa petite cellule pouvaient parler, elles nous révéleraient de vrais prodiges de pénitence accomplis par cette âme vaillante et si fortement trempée. Les murailles de sa cellule se tairont, mais ses pieux confrères qui l'ont plus d'une fois surpris quand il croyait n'être vu que de Dieu seul, ne se taisent pas, et nous les avons entendus raconter à ses funérailles, avec des larmes, les œuvres de pénitence de l'austère saint.

Élève reconnaissant, il écrivit à son maître des lettres qui mériteraient d'être lues et méditées par tous ceux qui l'ont connu. Ami tendre et dévoué, lorsqu'un de ceux qui lui sont chers sent faiblir sa vocation, il écrit pour lui des lettres brûlantes qui, tour à tour consolent, avertissent, supplient. Maître patient, il ne se rebute pas devant l'infécondité d'une intelligence et fait si bien qu'il arrive toujours à y faire croître quelque bonne moisson.

Ce fut le vingt-neuf juin mil huit cent quatre-vingt qu'il reçut l'onction sainte qui le faisait à jamais prêtre et lui permettait de réaliser ces belles et consolantes paroles qu'il avait si souvent méditées : *Tu es sacerdos in æternum*. Le lendemain de ce beau jour, il célébrait au grand Séminaire sa première messe solennelle. Tous ceux qui l'ont vu peuvent témoigner de la piétié d'ange qu'il y montra, comme du respect sévère pour le rit romain dont il y fit preuve et que d'ailleurs on lui connaissait depuis longtemps.

Les jours qui suivirent, il donnait à Saint-Marcel, sa paroisse et au petit Séminaire, les prémices de son sacerdoce : la paroisse des Chartreux put revoir comme prêtre celui qu'elle avait possédé comme simple ecclésiastique et entendre retentir sous ses immenses voûtes cette voix qui chantait naguère l'épitre et l'évangile.

La paroisse du Bon-Pasteur fut le premier théâtre où s'exerça le zèle du jeune prêtre. Comme Jésus, il disait: « Laissez

venir à moi les petits enfants. » De l'école, il volait à la maî-
trise ; de l'enseignement des vérités religieuses, il passait à
celui des chants sacrés. Il fut dans l'éducation de la jeunesse
un puissant auxiliaire pour son vénéré curé et pour M. de
la Paquerie, dont le zèle et la rigidité lui plaisaient tout
particulièrement.

Mais son activité continuelle, ses pénitences peut-être, le
clouèrent plusieurs semaines sur un lit de douleurs. Il s'en
releva pour courir en qualité de vicaire à la paroisse de Roquevaire, et s'il ne fit que passer au Bon-Pasteur, le prêtre qui
l'y a connu et aimé écrivait après son départ que son souvenir
s'y conservera longtemps.

A Roquevaire, il demeura quelques mois sous la direction
du regretté M. Barthélemy qu'il mettait peu de temps
après, au regret de tous, dans la tombe, ignorant très certai-
nement qu'il devait l'y suivre bientôt.

Son ancienne maladie, en effet, activée par d'infatigables
prédications, reparut plus alarmante que jamais. Ce qui ne
semblait d'abord qu'un mauvais rhume s'annonça clairement
pour une maladie de poitrine. La fatigue l'avait invité au re-
pos, il fallut que l'obéissance l'y contraignit. Il se retira dans
sa famille, essayant de retrouver ses forces perdues, pour les
dépenser de nouveau au service de Dieu. La maladie fut
longue, les souffrances furent cruelles et un dénouement fatal
devait les couronner. Pourtant des lueurs de santé bientôt
éteintes, hélas ! vinrent encore, à de rares intervalles, ranimer
l'espérance de ses parents et de ses amis.

Il en profitait pour se dépenser, suivant le besoin de sa
nature ardente, pour aller, après un si long jeûne, se nourrir
du pain sacré dans l'église de Saint-Marcel ou dans la cha-
pelle des religieuses de Saint-Vincent-de-Paul. Ce fut là que
Madame la Supérieure de ces dignes religieuses, qui l'avait
déjà si bien connu, l'apprécia davantage et devint pour lui
déjà si faible comme une seconde et véritable mère.

On le voyait, au milieu de ses souffrances, pâle, défait, la
voix mourante, s'efforcer d'accueillir, le sourire sur les lèvres,
ses nombreux visiteurs, ses jeunes confrères, ses condisciples
surtout ; prodiguer d'excellents conseils à ses proches ; conso-
ler les siens, et cela avec la clairvoyance et l'autorité de

l'homme qui a déjà un pied dans la tombe; lire pieusement son bréviaire ou méditer sur la Sainte-Ecriture.

Le vingt-six novembre qui était un samedi, il reçut, à neuf heures du matin, la sainte communion qu'il avait, d'ailleurs, reçue plusieurs fois depuis qu'il ne disait plus la sainte Messe, mais ce jour-là ce devait être pour la dernière fois. Il fit une heure d'action de grâces, fixa ses yeux mourants sur le Crucifix qu'il tenait de la main gauche et se débattit jusque vers les onze heures, dans les dernières convulsions de l'agonie.

Pendant que sa vénérée mère lui disait un dernier adieu, lui, exprimant tous ses regrets en pensant aux déchirements de la séparation, lui souriait. Il souriait à la mort qui allait mettre un terme à ses saintes aspirations, il souriait aux anges qui lui montraient le Ciel !

Comme il crut comprendre la voix amie qui répétait auprès de sa couche les paroles de son Sauveur expirant : *In manus tuas, Domine, commendo spiritum meum*, on l'entendit réunir une dernière fois ses forces et dire, comme acceptation de son sacrifice « oh ! oui, oh ! oui. »

Dès ce moment, il ne parla plus, et tous versant des larmes, lui allait achever sa prière là-haut, à côté de la Sainte-Vierge qu'il avait tant aimée et qui avait voulu que son serviteur mourût un samedi, jour qui lui est spécialement consacré.

Il dort aujourd'hui parmi ses frères dans le sacerdoce, portant sur sa poitrine la croix qu'il avait baisée si souvent dans sa maladie et qu'a ternie son dernier souffle. Il avait demandé comme faveur au Pasteur de sa paroisse, avant de mourir, de reposer dans le tombeau affecté à ne recevoir que les prêtres, pour marquer à la fois et son esprit de foi et que sa véritable famille est celle des prêtres de Jésus-Christ.

Trop tôt enlevé à sa famille sacerdotale, il a voulu ainsi lui être unie dans la mort ; quittant ce monde qu'il n'aimait pas, il a voulu en emporter les seules richesses qui lui furent chères : le signe de la pénitence et le livre de la prière.

Et maintenant faut-il pleurer un prêtre qui meurt un an après son ordination, un prêtre qui quitte le monde à vingt-six ans? Faut-il pleurer cette courte vie tranchée au milieu des plus belles espérances? Non, car elle se développe au Ciel plus heureuse et plus longue, et s'il n'a offert que peu de jours ici-bas le saint sacrifice, il y chante parmi les élus une messe qui n'aura point de fin.

Notre conviction la plus profonde, à nous qui avons vécu dans son intimité, est qu'il avait fait à Dieu librement et de grand cœur le sacrifice de sa vie pour le triomphe de l'Eglise, pour la conversion des pêcheurs ou pour toute autre intention digne de sa piété et de ses vertus.

Pour lui, comme pour l'apôtre, le monde est trop méchant, la franchise ne s'y trouve pas, l'hypocrisie y exerce un trop grand empire, et souvent nous surprenions ces paroles sur ses lèvres franches et innocentes et il ajoutait : « Dire quelquefois la sainte messe et puis mourir, voilà quel serait tout mon bonheur. »

Mais s'il faut pleurer, c'est sur sa famille, c'est sur cette mère chérie qui reste inconsolable, c'est sur ses maîtres qui ne l'oublieront jamais, c'est sur celui qui écrit ces lignes, c'est sur ses amis ; c'est sur tous ceux qui l'ont connu et qui étaient habitués à ses vertus !

Pour lui, Dieu a jugé qu'assez de perles ornaient sa couronne car on peut appliquer à ce pieux et jeune prêtre ces paroles de nos saints livres : « *Consummatus in brevi, explevit tempora multa* »

RÉQUIESCAT IN PACE !!!

Marseille. — Imprimerie BLANC et BERNARD, rue Ste-Pauline, 2 a.

www.ingramcontent.com/pod-product-compliance
Ingram Content Group UK Ltd.
Pitfield, Milton Keynes, MK11 3LW, UK
UKHW021724090726
13657UKWH00005B/2452